HERIBERTO Y ELSA HERMOSILLO

La misión de Editorial Vida es proporcionar los recursos necesarios a fin de alcanzar a las personas para Jesucristo y ayudarlas a crecer en su fe.

SEMBRADOS EN BUENA TIERRA - Aprendiendo a ser un discípulo
Publicado por Editorial Vida — 2007
Miami, Florida

Edición: *Mariángeles Duo*
Diseño interior: *Good Idea Productions, Inc.*
Diseño de cubierta: *Carlos González*
Adaptación: *Cathy Spee*
Diseño gráfico: *Rodrigo Galindo Breton*
Producción de audio y video: *Francisco Alonso*
Coordinadora de producción: *Mariana Díaz González*

Guía del líder
ISBN - 10: 0-8297-5237-4
ISBN - 13: 978-0-8297-5237-3

Guía del participante
ISBN - 10: 0-8297-5305-2
ISBN - 13: 978-0-8297-5305-9

Categoría: Vida cristiana / Devocional

Impreso en Estados Unidos de América
Printed in the United States of America

07 08 09 10 ❖ 6 5 4 3 2 1

A todos los ***semillosos*** que tuvieron la paciencia de esperar a que el Señor concretara su proyecto, nuestro más sincero agradecimiento y deseo de que este material sirva para la edificación de sus vidas y las de muchos más.

Heriberto y Elsa Hermosillo

Introducción

Queridos hermanos y amigos les damos la más cordial bienvenida a la serie: ***Aprendiendo a ser un discípulo.***

Jesús dijo en Juan 8:31-32: «Si vosotros permaneciereis en mi palabra, seréis verdaderamente mis discípulos, y conoceréis la verdad y la verdad os hará libres».

En esta serie, aprenderemos los pasos para dejar de ser solo creyentes, y convertirnos en verdaderos discípulos del Señor, recuperando nuestra identidad como sus hijos, y siendo portadores de su imagen (***Romanos 8:29***).

Oramos con todo nuestro corazón que su palabra sea como la lluvia que hace germinar la tierra y la semilla de vida sea fecundada por su Espíritu Santo en tu corazón dando fruto al treinta, al sesenta y, ¡al ciento por uno!
Con amor, Heriberto y Elsa Hermosillo

Índice

Escuchar. Oír con atención 1

Iniciamos este estudio entendiendo que aquellos que hemos creído en el sacrificio de Cristo y le hemos entregado nuestras vidas, estamos llamados a ser no solo creyentes, sino discípulos, tal como lo indicó Jesús en Juan 8:31:

«Si vosotros permaneciéreis en mi palabra, seréis verdaderamente mis discípulos, y conoceréis la verdad y la verdad os hará libres».

El Señor desea que nos convirtamos en discípulos, para que podamos vivir en permanente libertad del poder del pecado en nuestras vidas y podamos usar esa libertad para cumplir su propósito y disfrutar de la vida abundante y fértil que él ha prometido.

La palabra de Dios tiene todos los elementos que nuestro espíritu necesita para que podamos convertirnos en discípulos y la imagen de Dios se forme en nuestras vidas.

«Porque como desciende de los cielos la lluvia y la nieve, y no vuelve allá, sino que riega la tierra y la hace germinar y producir, y da semilla al que siembra y pan al que come, así será mi palabra que sale de mi boca, no volverá a mí vacía, sino que hará lo que yo quiero y será prosperada en aquello para que la envié». *Isaías 55:10-11*

Así como la lluvia y la nieve riegan la tierra y la hacen fecundar y germinar, de la misma manera, la palabra de Dios riega nuestro espíritu para producir fe y germinar el fruto del Espíritu en nuestras vidas, de modo que podamos fecundar, es decir multiplicarnos en la vida de otros.

Para que la palabra de Dios cumpla el propósito para el cual fue enviada, necesitamos disponer todos nuestros sentidos y aprender a oír con atención.

Analicemos los siguientes pasajes :

Efesios 1:13-14

a. Habiendo oído las buenas nuevas (***evangelio***).
b. Habiendo creído (***por fe, en el evangelio***).
c. Fuimos marcados con el sello que es el Espíritu Santo el cual garantiza nuestra herencia, es decir el adelanto de la eternidad, viviendo desde ahora en nuestros corazones.

El primer paso para desarrollar una fe transformadora en nuestras vidas, es oír la palabra de Dios con atención. Esto tiene que darse, no solo en el momento en el que creemos y entregamos nuestra vida a Jesús, sino permanentemente, continuamente, diariamente.

Efesios 1:13-14
13 En él también vosotros, habiendo oído la palabra de verdad, el evangelio de vuestra salvación, y habiendo creído en él, fuisteis sellados con el Espíritu Santo de la promesa,
14 que es las arras de nuestra herencia hasta la redención de la posesión adquirida, para alabanza de su gloria.

Romanos 10:14
14 ¿Cómo, pues, invocarán a aquel en el cual no han creído? ¿Y cómo creerán en aquel de quien no han oído? ¿Y cómo oirán sin haber quien les predique?

Romanos 10:17
17 Así que la fe es por el oír, y el oír, por la palabra de Dios.

Efesios 2:8
8 Porque por gracia sois salvos por medio de la fe; y esto no de vosotros, pues es don de Dios;

Necesitamos escuchar su palabra con atención, para que entonces el Espíritu Santo produzca fe en nuestros corazones. Cuando hemos escuchado la palabra de Dios con atención, el Espíritu Santo nos ayuda a creer y nos marca como garantía de que algún día estaremos en su presencia. El aprender a oír con atención, creer y obedecer, trae como resultado una fe transformadora.
Ampliemos el concepto de oír con atención, analizando el siguiente pasaje:

Romanos 10:14

«¿Cómo pues invocarán a aquel en el cual no han creído?
¿Y cómo creerán en aquel de quien no han oído?
¿Y cómo oirán sin haber quién les predique?»

Romanos 10:17

«Así que la fe es por el oír, y el oír, por la palabra de Dios».

La fe del discípulo está soportada en la palabra de Dios.

«Porque por gracia sois salvos, por medio de la fe, y esto no de vosotros, pues es don de Dios, no por obras, para que nadie se gloríe». *Efesios 2:8-9*

a. La fe es un don inmerecido de Dios.
b. La puerta de nuestra salvación es la gracia.
c. La llave que abre esa puerta es la fe.

La fe viene por el oír la palabra de Cristo.

Versículo a memorizar:
«Así que la fe es por el oír, y el oír , por la palabra de Dios». *Romanos 10:17*

Preguntas para discusión:

1. ¿Podemos desarrollar fe que salva sin conocer la palabra de Dios?

___

2. ¿De dónde viene la fe?

___

3. ¿Cuál será el resultado de creer en el evangelio (la palabra de Dios)?

___

Notas

2 Leer. Repasar lo aprendido

¡Qué importante es identificar la necesidad que tenemos de leer la palabra de Dios! Necesitamos repasar lo aprendido, a fin de que Dios por su Espíritu, nos dé entendimiento para provecho. No es suficiente abrir nuestra Biblia el domingo en el servicio, necesitamos tener comunión con Dios todos los días.

Anaginósko, griego #314 diccionario Strong: ***Aprender de nuevo, repasar lo aprendido***

Analicemos los siguientes pasajes:

Hechos 8:26

Cuando nosotros tenemos interés en aprender y buscamos respuestas en su palabra, Dios se ocupa de proveer los medios para hacer entender sus caminos a aquellos que están verdaderamente interesados en conocerle.

Hechos 8:27-28

Notemos que el hombre que se menciona en este pasaje, se había tomado la molestia de venir desde lejos (Etiopía), para adorar y aun de regreso del templo en Jerusalén donde había ido, el hombre no perdía su tiempo, sino que regresaba leyendo con buen «apetito espiritual» la palabra de Dios.

Hechos 8:29-31

«¿Acaso entiende usted lo que está leyendo?»

Dios envía a su siervo Felipe, a suplir la necesidad del hombre de entender su palabra.

Hechos 8:32-39

Además de enviar a su siervo para que le enseñara, Dios envió a su Espíritu Santo para ayudar al hombre a entender (Mt 13:23) y desear obedecer el mandamiento de ser bautizado.

Es necesario que una vez que hemos escuchado la palabra de Dios, repasemos lo aprendido, de manera que Dios a través de su Espíritu Santo, nos dé entendimiento.

Hechos 8:26-39

26 Un ángel del Señor habló
a Felipe, diciendo: Levántate
y ve hacia el sur, por el
camino que desciende de
Jerusalén a Gaza, el cual es
desierto.
27 Entonces él se levantó
y fue. Y sucedió que un
etíope, eunuco, funcionario
de Candace reina de los
etíopes, el cual estaba sobre
todos sus tesoros, y había
venido a Jerusalén para
adorar,
28 volvía sentado en su
carro, y leyendo al profeta
Isaías.
29 Y el Espíritu dijo a Felipe:
Acércate y júntate a ese
carro.
30 Acudiendo Felipe, le oyó
que leía al profeta Isaías,
y dijo: Pero ¿entiendes lo
que lees?
31 El dijo: ¿Y cómo podré, si
alguno no me enseñare? Y
rogó a Felipe que subiese y
se sentara con él.
32 El pasaje de la Escritura
que leía era este: Como oveja
a la muerte fue llevado; Y
como cordero mudo delante
del que lo trasquila, Así no
abrió su boca.
33 En su humillación no se le
hizo justicia; Mas su generación,
¿quién la contará?
Porque fue quitada de la
tierra su vida.
34 Respondiendo el eunuco,
dijo a Felipe: Te ruego que
me digas: ¿de quién dice el
profeta esto; de sí mismo, o
de algún otro?
35 Entonces Felipe, abriendo
su boca, y comenzando desde
esta escritura, le anunció
el evangelio de Jesús.

Versículo a memorizar:
«Y yo os digo: Pedid, y se os dará; buscad y hallaréis; llamad y se os abrirá.
Porque todo aquel que pide, recibe; y el que busca, halla; y al que llama, se le abrirá»
Lucas 11:9-10

Preguntas para discusión:

1. ¿Qué es lo que debemos hacer antes de empezar a leer su palabra?

___

___

___

2. ¿Qué debo hacer después de haber oído con atención?

___

___

___

36 Y yendo por el camino,
llegaron a cierta agua, y dijo
el eunuco: Aquí hay agua;
¿qué impide que yo sea
bautizado?
37 Felipe dijo: Si crees de
todo corazón, bien puedes.
Y respondiendo, dijo: Creo
que Jesucristo es el Hijo de
Dios.
38 Y mandó parar el carro;
y descendieron ambos al
agua, Felipe y el eunuco, y
le bautizó.
39 Cuando subieron del
agua, el Espíritu del Señor
arrebató a Felipe; y el eunuco no le vio más, y siguió
gozoso su camino

Mateo 13:23
23 Mas el que fue sembrado
en buena tierra, éste es el
que oye y entiende la palabra, y da fruto; y produce a
ciento, a sesenta, y a treinta
por uno.

Lucas 11:9-10
9 Y yo os digo: Pedid, y se
os dará; buscad, y hallaréis;
llamad, y se os abrirá.
10 Porque todo aquel que
pide, recibe; y el que busca,
halla; y al que llama, se le
abrirá.

Notas

Estudiar. Examinar a fondo 3

Así como es importante, oír con atención y repasar lo aprendido, es igualmente importante examinar a fondo lo que escuchamos, ya sea para aclarar nuestras dudas, ampliar la enseñanza que hemos recibido o para asegurarnos que estamos recibiendo doctrina sana.

Anakrino, griego #350 diccionario Strong: ***Examinar, investigar, discernir, escarbar.***

Examinemos los siguientes pasajes:

Hechos 17:10
Debemos notar aquí que Pablo y Silas fueron, los que le compartieron la palabra de Dios a la gente de Berea.

Hechos 17:11
«Éstos eran de sentimientos más nobles que los de Tesalónica, de modo que»:

a. **recibieron el mensaje con toda avidez**
Avidez = Voluntad de poner por obra con ánimo lo que oímos.
b. **y todos los días examinaban las Escrituras para ver si era verdad lo que se les anunciaba».**

2 Pedro 1:19
«Tenemos la palabra profética mas segura a la cual hacéis bien en estar atentos como a una antorcha que alumbra en lugar oscuro, hasta que el día esclarezca y el lucero de la mañana salga en vuestros corazones».

Nuestras dudas, inquietudes y problemas deben enfocarse a la luz de la Escritura, y nuestra fidelidad no debe ser a ningún hombre, sino a la palabra de Dios.

Es fácil alejarse de la protección de Dios, cuando recurrimos a cualquier cosa que no sean las Escrituras (Gá 1:6-10).
Jesús nos instó a estudiar las Escrituras, las cuales dan testimonio de él (Jn. 5:39).

Existen muchas herramientas que nos ayudan a estudiar la palabra, algunas son:

1. Concordancia exhaustiva de la Biblia*
Ayuda a localizar los pasajes bíblicos en los que se usó determinada palabra, y provee el significado original de la misma (como la concordancia exhaustiva de James Strong).

2. Comentarios biblicos*
Intepreta la Escritura en base a los tiempos, costumbres y cultura en que fueron escritos

Hechos 17:10-11
10 Inmediatamente, los hermanos enviaron de noche a
Pablo y a Silas hasta Berea.
Y ellos, habiendo llegado,
entraron en la sinagoga de
los judíos.
11 Y éstos eran más nobles
que los que estaban en Tesalónica, pues recibieron la
palabra con toda solicitud,
escudriñando cada día las
Escrituras para ver si estas
cosas eran así.

2 Pedro 1:17-21
17 Pues cuando él recibió de
Dios Padre honra y gloria,
le fue enviada desde la
magnífica gloria una voz
que decía: Este es mi Hijo
amado, en el cual tengo
complacencia.
18 Y nosotros oímos esta
voz enviada del cielo, cuando estábamos con él en el
monte santo.
19 Tenemos también la palabra profética más segura,
a la cual hacéis bien en
estar atentos como a una
antorcha que alumbra en
lugar oscuro, hasta que el
día esclarezca y el lucero de
la mañana salga en vuestros
corazones;
20 entendiendo primero
esto, que ninguna profecía
de la Escritura es de inter-
pretación privada,
21 porque nunca la profecía
fue traída por voluntad
humana, sino que los santos
hombres de Dios hablaron
siendo inspirados por el
Espíritu Santo.

Gálatas 1:6-10
6 Estoy maravillado de que
tan pronto os hayáis alejado
del que os llamó por la
gracia de Cristo, para seguir
un evangelio diferente.
7 No que haya otro, sino
que hay algunos que os per-
turban y quieren pervertir el
evangelio de Cristo. 8 Mas
si aun nosotros, o un ángel
del cielo, os anunciare otro
evangelio diferente del que
os hemos anunciado, sea
anatema.
9 Como antes hemos dicho,
también ahora lo repito: Si
alguno os predica diferente
evangelio del que habéis
recibido, sea anatema.
10 Pues, ¿busco ahora el favor de los hombres, o el de
Dios? ¿O trato de agradar a
los hombres? Pues si todavía
agradara a los hombres, no
sería siervo de Cristo.

Juan 5:39
39 Escudriñad las Escrituras;
porque a vosotros os parece
que en ellas tenéis la vida
eterna; y ellas son las que
dan testimonio de mí;

los versículos, haciendo referencia a versículos similares o complementarios del pasaje estudiado. Es necesario que cuando recurrimos a esta herramienta nos aseguremos que el comentarista sea una persona reconocida por su sana doctrina (como Mathew Henry o William Hendriksen).

3. Diccionarios expositivos*

Brinda la definición de las palabras escritas en la Biblia y la traducción a su idioma original (como el diccionario VINE).

No son indispensables

Versículo a memorizar:

«Escudriñad las escrituras; porque a vosotros os parece que en ellas tenéis la vida eterna y ellas son las que dan testimonio de mi». *Juan 5:39*

Preguntas para discusión:

1. ¿Cómo podemos asegurarnos que lo que escuchamos en la iglesia o discipulado es verdaderamente la palabra de Dios?

2. ¿Qué herramientas podemos utilizar para entender mejor la palabra de Dios?

3. ¿Cuál es el adjetivo calificativo que el Espíritu Santo, inspirador de las Escrituras, les da a estos discípulos de Berea? ¿Cuáles son las dos razones de que les llame de esta manera?

4. ¿Qué significa «estudiar»?

5. ¿Qué significa avidez?

Notas

4 Meditar. Razonar la palabra

Salmos 4:4 (RVR 1960)
4 Temblad, y no pequéis; Meditad en vuestro corazón estando en vuestra cama, y callad. Selah

Romanos 12:1-2
1 Así que, hermanos, os ruego por las misericordias de Dios, que presentéis vuestros cuerpos en sacrificio vivo, santo, agradable a Dios, que es vuestro culto racional.
2 No os conforméis a este siglo, sino transformaos por medio de la renovación de vuestro entendimiento, para que comprobéis cuál sea la buena voluntad de Dios, agradable y perfecta.

Salmos 1:1-3
1 Bienaventurado el varón que no anduvo en consejo de malos, ni estuvo en camino de pecadores, ni en silla de escarnecedores se ha sentado;
2 Sino que en la ley de Jehová está su delicia, Y en su ley medita de día y de noche.
3 Será como árbol plantado junto a corrientes de aguas, Que da su fruto en su tiempo, y su hoja no cae; Y todo lo que hace, prosperará.

Hasta ahora, hemos aprendido a oír con atención, a repasar lo que escuchamos, a examinarlo a fondo y a extraer las riquezas escondidas, pero ahora vamos a aprender un paso hermoso que nos lleva a la íntima comunión con nuestro Padre: el meditar la palabra.

Es increíble descubrir que en la meditación de su palabra, Dios nos habla personalmente. Y lleva su palabra de nuestra mente a nuestro corazón. Te animamos a que dispongas un tiempo de tu día para escuchar la voz de aquel que te ama y quiere tener comunión contigo.

Amar, hebreo #559 diccionario Strong: ***Razonar***

«Temblad y no pequéis; meditad en vuestro corazón estando en vuestra cama y callad».
Salmos 4:4

En el tiempo que hayas dispuesto a solas en el día, permite que Dios te hable en forma personal. ¿Ahora bien, en que debemos meditar? Analicemos el siguiente pasaje:

Romanos 12:1

«Así que, hermanos, os ruego por las misericordias de Dios, que presentéis vuestros cuerpos en sacrificio vivo, santo, agradable a Dios, que es vuestro culto racional».

Necesitamos meditar en su misericordia, todo aquello de lo cual Dios nos ha librado, sin merecerlo y a pesar de nuestras malas decisiones. El apreciar todo lo que él ha hecho por nosotros, nos capacita, para que con la ayuda de su Espíritu Santo, su palabra, y el cuerpo de Cristo, podamos presentar nuestros cuerpos en sacrificio vivo, santo y agradable a Dios.
La misericordia de Dios, es no haber recibido el pago por mi pecado. La gracia de Dios, es que he recibido algo inmerecido, que es su perdón, en base al sacrificio de Cristo en mi lugar.
En base a este inmerecido sacrificio de Cristo en mi lugar, soy llamado a entregar todos los aspectos de mi vida, en sacrificio vivo, santo, agradable a Dios. Soy llamado a vivir conforme a sus estatutos y mandatos, una vida santa, agradable a Dios.
Ahora bien, este sacrificio vivo, nos va a costar un esfuerzo. ¿Cuál es el esfuerzo que Dios nos demanda ahora que somos suyos? El tener la disposición, para hacer morir en nosotros lo terrenal, y permitir que él crezca en nosotros, que su imagen se forme en nuestras vidas.
Esto no será fácil, pero nos dispondremos con gusto, cuando verdaderamente hayamos identificado todo aquello que Dios ha hecho por nosotros, y aquello de lo cual nos ha librado.
Entonces este sacrificio vivo, será un sacrificio entendido, un culto racional, que junto con el poder de su palabra en nuestras vidas, su Espíritu Santo y la comunión con el cuerpo de Cristo, nos fortalecerá hasta la meta. Dios quiere un culto razonado, meditado, comprendido.

Romanos 12:2
«No os conforméis a este siglo, sino transformaos por medio de la renovación de vuestro entendimiento, para que comprobéis cuál sea la buena voluntad de Dios, agradable y perfecta».

Necesitamos transformar nuestra manera de pensar, a través de la meditación en su palabra. La palabra de Dios cambiará nuestra perspectiva de la vida, nuestra manera de reaccionar ante las circunstancias y nos irá llevando a comprobar que la voluntad de Dios es buena, agradable y perfecta. Es buena porque busca lo mejor para mí, es agradable, porque cuando vea los resultados, me va a gustar, y es perfecta porque no se equivoca.

Salmos 1:1-3
En lugar de llenar nuestra cabeza con consejos del mundo, que nos llevan en un proceso decadente, el Señor nos dice que seremos felices y dichosos, si meditamos, es decir, reflexionamos en su palabra y evitamos tener compañerismo cercano con aquellos que no quieren obedecerle. El aprender a degustar el manjar delicioso de su palabra, nos llevará a:

- Dar fruto en el tiempo de la prueba (***Gá 5:22-23***).
- Tener convicciones firmes (Su hoja no cae).
- Prosperidad en todas las áreas de nuestra vida (***3 Juan 1:2***).

La palabra nos dice que los que meditan en ella de día y de noche, estarán preparados para enfrentar las pruebas de la vida, serán personas con convicciones firmes que no se dejarán arrastrar fácilmente al error o a la desobediencia y el resultado será prosperidad en todas las áreas de su vida conforme a su propósito.

Versículo a memorizar:
«Sino que en la ley de Jehová está su delicia y en su ley medita de día y de noche. Será como árbol plantado junto a corrientes de aguas que dá su fruto a su tiempo y su hoja no cae, y todo lo que hace prosperará». ***Salmos 1:2-3***

Preguntas para discusión:

1. ¿Qué puede ayudarme a presentar mi cuerpo en sacrificio vivo, santo, agradable a Dios?

____

____

2. ¿Cómo puedo comprobar que la voluntad de Dios para mi vida es buena, agradable y perfecta?

____

____

Gálatas 5:22-23
22 Mas el fruto del Espíritu es amor, gozo, paz, paciencia, benignidad, bondad, fe,
23 mansedumbre, templanza; contra tales cosas no hay ley.

3 Juan 1:2
2 Amado, yo deseo que tú seas prosperado en todas las cosas, y que tengas salud, así como prospera tu alma.

Notas

Memorizar. Fijar en la mente 5

El Señor nos ha dejado un arma poderosa para enfrentar las asechanzas del diablo, y es la misma arma que Jesús usó cuando fue tentado en el desierto; la palabra de Dios grabada en la mente y en el corazón.

En el libro de los Hechos, cuando se estaba dando forma a la primera iglesia, los apóstoles recurrieron a citar las Escrituras y las palabras de Jesús, al defender su fe.

En la carta a los Efesios, el apóstol Pablo nos exhorta a ponernos toda la armadura de Dios y tomar el arma que nos ha sido dada en contra de los ataques del enemigo, la espada del Espíritu, que es la palabra de Dios.

En su segunda carta, el apóstol Pedro nos exhorta a que fijemos en nuestra mente las palabras de los profetas y los mandamientos del Señor Jesucristo, de manera que a través de ellas, sea purificado y renovado nuestro entendimiento.

Mnáomai, griego #3415 diccionario Strong: ***Fijar en la mente***

2 Pedro 3:1-2
1 Amados, esta es la segunda carta que os escribo, y en ambas despierto con exhortación vuestro limpio entendimiento,
2 para que tengáis memoria de las palabras que antes han sido dichas por los santos profetas, y del mandamiento del Señor y Salvador dado por vuestros apóstoles;

Juan 15:3
3 Ya vosotros estáis limpios por la palabra que os he hablado.

2 Pedro 3:1-2

«Amados, ésta es la segunda carta que os escribo, y en ambas despierto con exhortación vuestro limpio entendimiento, para que tengáis memoria de las palabras que antes han sido dichas por los santos profetas, y del mandamiento del Señor y Salvador dado por vuestros apóstoles».

En Juan 15:3, el Señor Jesús hace mención de que su palabra limpia nuestro entendimiento.
Y en Isaías 55:10 aprendimos que la palabra de Dios tiene todos los elementos que necesita nuestro espíritu para que el propósito de Dios se lleve a cabo en nuestras vidas.
Por eso el apóstol Pedro nos exhorta a que memoricemos la palabra para que produzca fruto que traiga gloria al nombre de Jesús. Veamos ahora otro pasaje que nos ayude a seguir entendiendo por qué es necesario que memoricemos su palabra:

Salmos 119:9-11

«Con qué limpiará el joven su camino? Con guardar tu palabra.
Con todo mi corazón te he buscado; no me dejes desviarme de tus mandamientos.
En mi corazón he guardado tus dichos, para no pecar contra ti».

El propósito de atesorar la palabra de Dios y de memorizar sus enseñanzas, es que seamos protegidos del engaño del enemigo y podamos defendernos en contra de sus astutas maquinaciones.

Salmos 119:9-11
9 ¿Con qué limpiará el joven
su camino?
Con guardar tu palabra.
10 Con todo mi corazón te
he buscado;
No me dejes desviarme
de tus mandamientos.
11 En mi corazón he guardado tus dichos,
Para no pecar contra ti.

2 Samuel 12:9
9 ¿Por qué, pues, tuviste en
poco la palabra de Jehová,
haciendo lo malo delante
de sus ojos? A Urías heteo
heriste a espada, y tomaste
por mujer a su mujer, y a él
lo mataste con la espada de
los hijos de Amón.

Guardar, (atesorar) Teréo, griego #5083 diccionario Strong= Implica atesorar en el interior para sacar provecho copioso y creciente. Mathew Henry.

¡Qué bonita definición! Necesitamos guardar la palabra de Dios en nuestro corazón como un tesoro, para sacarle provecho copioso y creciente, ¡que así sea!

Estudiemos otro pasaje que confirma lo que hemos venido aprendiendo:

2 Samuel 12:9

«¿Porqué tuviste en poco la palabra de Jehová haciendo lo malo delante de sus ojos?»

El tener en poco la palabra de Dios para ponerla por obra, abre la oportunidad a que nuestras concupiscencias se enseñoreen de nosotros, y caigamos en pecado.

Versículo a memorizar:
«En mi corazón he guardado tus dichos, para no pecar contra ti». *Salmo 119:11*

Preguntas para discusión:

1. ¿Cómo podemos asegurarnos de tener las armas necesarias para salir victoriosos, cuando venga la tentación o la prueba?

___

___

___

2. ¿Con qué limpia Dios nuestras vidas todos los días?

___

___

Notas

6 Dar fruto. Poner por obra

Mateo 13:23 (RVR 1960)
23 Mas el que fue sembrado en buena tierra, éste es el que oye y entiende la palabra, y da fruto; y produce a ciento, a sesenta, y a treinta por uno.

Gálatas 5:22-23
22 Mas el fruto del Espíritu es amor, gozo, paz, paciencia, benignidad, bondad, fe,
23 mansedumbre, templanza; contra tales cosas no hay ley.

Santiago 1:21-22
21 Por lo cual, desechando toda inmundicia y abundancia de malicia, recibid con mansedumbre la palabra implantada, la cual puede salvar vuestras almas.
22 Pero sed hacedores de la palabra, y no tan solamente oidores, engañándoos a vosotros mismos

Filipenses 2:13
13 porque Dios es el que en vosotros produce así el querer como el hacer, por su buena voluntad

Santiago 1:23-25
23 Porque si alguno es oidor de la palabra pero no hacedor de ella, éste es semejante al hombre que considera en un espejo su rostro natural.
24 Porque él se considera a sí mismo, y se va, y luego olvida cómo era.
25 Mas el que mira atentamente en la perfecta ley, la de la libertad, y persevera en ella, no siendo oidor olvidadizo, sino hacedor de la obra, éste será bienaventurado en lo que hace.

En *Mateo 13:23* se menciona que los dos propósitos de Dios para nuestra vida son: fructificar (dar fruto en el Espíritu, ***Gá** 5:22-23*), y multiplicarnos (multiplicación espiritual), es decir, convertirnos en modelo para que otros conozcan al Señor a través de nuestra vida.
En esta clase estudiaremos cómo se da el proceso de dar fruto.

Poietés, griego #4163 diccionario Strong: ***Hacer, desempeñar un trabajo***

Santiago 1:21

El primer paso para poder dar fruto es estar dispuesto a desechar todo lo que estorba: deseos de la carne, deseos de los ojos y vanagloria de la vida, para dar paso a la efectividad transformadora de la palabra en nuestras vidas. Necesitamos recibir la palabra de Dios como nos dijo Jesús, con mansedumbre y humildad, para que obedeciendo a la voluntad de Dios traigamos descanso para nuestras almas. Ahora bien, ¿qué significa recibir la palabra de Dios? Es el conjunto de todos los pasos que hemos aprendido anteriormente: oír con atención, repasar lo aprendido, estudiarlo, meditarlo, memorizarlo y como estamos aprendiendo ahora, ponerlo por obra.

Santiago 1:22

Para lo cual debemos estar dispuestos a ser hacedores (***poietés***), lo cual nos llevará a recibir los resultados anhelados y no engañarnos a nosotros mismos, dando vueltas en círculo sin llegar a ningún lado.

«Porque Dios es el que en vosotros produce así el querer como el hacer, por su buena voluntad». *Filipenses 2:13*

Si nosotros tenemos la disposición de obedecer a Dios, él nos capacitará para hacerlo y podremos dar fruto; un fruto que no puede emular el enemigo, que es: amor, gozo, paz, paciencia, benignidad, bondad, fe, mansedumbre y templanza, y estos dan gloria a Dios.

Santiago 1:23-24

El espejo es la palabra de Dios y puede que al oirla, no nos guste lo que vemos.
Pero si después olvidamos lo que vimos y no ponemos por obra lo que Dios nos pide, volvemos a ser esclavos de esa desagradable apariencia.

Santiago 1:25

«Pero quien se fija atentamente ...»
Es decir, escucha, lee, estudie, medita, y memoriza la perfecta ley de Dios (***Mateo** 13:23*).

La ley perfecta que da libertad en Cristo

La libertad de poder hacer por el poder de Cristo en nosotros, lo que nos era imposible en el poder de la carne (Gá 3:10-13).

Persevera

En griego es: ***paraméno***, que significa ***caminar cerca***, ***caminar hacia delante en forma continua***.

Es decir que cuando Dios nos muestra un área problema en nuestra vida, damos pasos firmes y continuos para conquistar nuestra debilidad en el poder de Cristo.

Recibirá bendición

En griego es: ***mokários***, que significa ***dichoso, bien librado, estimado, apartado, santificado en lo que hace***.
Seremos felices y dichosos, al aplicar los principios de la palabra de Dios a nuestra vida (*Juan 13:17*). Dios quiere restaurar su imagen en nosotros, como hijos de Dios, para que el mundo, viendo nuestras buenas obras, glorifique al Padre que está en los cielos.

Mateo 11:29-30
El yugo del Señor aligera nuestras cargas y nos da descanso.

Juan 15:8
¡Qué privilegio nos da el Padre! El de poder ser portadores de su imagen al mundo, dando fruto en el Espíritu, de amor, alegría, paz, paciencia, amabilidad, bondad, fidelidad, humildad y dominio propio y así poder glorificarle.

Juan 13:17
¡Felices y dichosos seremos si ponemos por obra la voluntad de Dios!

Versículo a memorizar:
«En esto es glorificado mi Padre, en que llevéis mucho fruto y seáis así mis discípulos». *Juan 15:8*

Preguntas para discusión:

1. ¿Qué necesitas desechar para que la palabra sea efectiva en tu vida?

___

___

2. ¿Cómo necesitas recibir la palabra, y cuál es el beneficio que obtendrás de ello?

___

Gálatas 3:10-13
10 Porque todos los que dependen de las obras de la ley están bajo maldición, pues escrito está: Maldito todo aquel que no permaneciere en todas las cosas escritas en el libro de la ley, para hacerlas.
11 Y que por la ley ninguno se justifica para con Dios, es evidente, porque: El justo por la fe vivirá
12 y la ley no es de fe, sino que dice: El que hiciere estas cosas vivirá por ellas
13 Cristo nos redimió de la maldición de la ley, hecho por nosotros maldición (porque está escrito: Maldito todo el que es colgado en un madero.

Juan 13:17
17 Si sabéis estas cosas, bienaventurados seréis si las hiciereis.

Mateo 11:29-30
29 Llevad mi yugo sobre vosotros, y aprended de mí, que soy manso y humilde de corazón; y hallaréis descanso para vuestras almas;
30 porque mi yugo es fácil, y ligera mi carga.

Juan 15:8
8 En esto es glorificado mi Padre, en que llevéis mucho fruto, y seáis así mis discípulos.

Notas

Multiplicarnos. Dar a conocer

7

Iniciamos esta serie con el objetivo de pasar de ser creyentes a convertirnos en verdaderos discípulos de Jesús. En Juan 8:31 el Señor nos dijo que si nos manteníamos fieles a sus enseñanzas, seríamos realmente sus discípulos, y conoceríamos la verdad y la verdad nos haría libres. Durante nuestras clases tuvimos la oportunidad de aprender que para mantenernos en sus enseñanzas, necesitamos:

1. *Oír con atención*
2. *Repasar lo aprendido*
3. *Estudiar la Palabra profundamente*
4. *Meditar en ella*
5. *Fijarla en nuestra mente y corazón*
6. *Vivirla, para experimentar el poder transformador y libertador en nuestras vidas.*

Hemos llegado al último paso para completar nuestra instrucción, un paso que se da naturalmente cuando hemos puesto en práctica todos los anteriores, ya que la gente empieza a notar el cambio en nuestras vidas, y es atraída a saber qué es aquello que nos ha transformado. Es entonces cuando el Señor nos brinda la oportunidad de ser testigos, no solo a través de nuestras palabras, sino a través de nuestra vida, dando de gracia, lo que de gracia hemos recibido.

«Por tanto, id y haced discípulos a todas las naciones, bautizándolos en el nombre del Padre, del Hijo y del Espíritu Santo enseñándoles que guarden todas las cosas que os he mandado, y he aquí yo estoy con vosotros todos los días hasta el fin del mundo».
Mateo 28:19-20

Estudiemos ahora un pasaje bíblico que nos enseña cómo aplicar este concepto:

Hebreos 13:13

Ahmologéo, griego #3670 diccionario Strong: ***declarar, dar a conocer.***

a. Salgamos. ¿A quién? A quienes no le conocen.
Dios quiere que seamos sensibles a la necesidad que tienen de él todas las personas que aún no le conocen (***Mt 25:40***).

b. ¿A dónde? Fuera del campamento, es decir, fuera de la iglesia llevando las buenas nuevas a todos los que nos rodean; nuestros hijos, nuestros padres, nuestros hermanos, nuestros vecinos, toda la gente que nos rodea (***Hch 1:8***).

Juan 8:31
31 Dijo entonces Jesús a los judíos que habían creído en él: Si vosotros permanecieréis en mi palabra, seréis verdaderamente mis discípulos;

Mateo 28:19-20
19 Por tanto, id, y haced discípulos a todas las naciones, bautizándolos en el nombre del Padre, y del Hijo, y del Espíritu Santo;
20 enseñándoles que guarden todas las cosas que os he mandado; y he aquí yo estoy con vosotros todos los días, hasta el fin del mundo. Amén.

Hebreos 13:13-15
13 Salgamos, pues, a él, fuera del campamento, llevando su vituperio;
14 porque no tenemos aquí ciudad permanente, sino que buscamos la por venir.
15 Así que, ofrezcamos siempre a Dios, por medio de él, sacrificio de alabanza, es decir, fruto de labios que confiesan su nombre.

Romanos 10:14-15
14 ¿Cómo, pues, invocarán a aquel en el cual no han creído? ¿Y cómo creerán en aquel de quien no han oído? ¿Y cómo oirán sin haber quien les predique?
15 ¿Y cómo predicarán si no fueren enviados? Como está escrito: !Cuán hermosos son los pies de los que anuncian la paz, de los que anuncian buenas nuevas!

c. ¿De qué manera? Llevando sus insultos, es decir sufriendo las consecuencias de ser diferentes a los parámetros del mundo, lo cual en ocasiones implicará burla o desprecio de la gente. Sin embargo, sabiendo a quién representamos estaremos dispuestos a ser testigos hasta lo último de la tierra, por amor a su nombre. (***Mt 5:10-12***)

Hebreos 13:14

Al salir hasta donde Dios nos envíe, recordemos el no echar raíces en este mundo ni buscar las cosas temporales, sabiendo que somos de un mundo por venir.

Hebreos 13:15

«Así que, ofrezcamos siempre a Dios, por medio de él, sacrificio de alabanza, es decir fruto de labios que confiesen su nombre».

Ofrecer siempre:

- ***Evangelismo***: sacrificio de alabanza, bajo el nuevo pacto.

- ***Alabanza (griego: génesis)***: ofrenda de gratitud, fruto de amor, producido por su Espíritu. No hay más grande amor que podamos manifestar a los que nos rodean, que compartir las buenas nuevas de perdón y salvación que tenemos en la muerte y resurrección de Jesucristo. (***Ro 10:14-15***)

- ***Confesión:*** Es la proclamación audible (con nuestras palabras) y el testimonio visible (con nuestra manera de vivir), del poder transformador del nombre de Jesucristo en nuestras vidas.

Versículo a memorizar:

«Así que, ofrezcamos siempre a Dios, por medio de él, sacrificio de alabanza, es decir fruto de labios que confiesan su nombre». ***Hebreos 13:15***

Preguntas para discusión:

1. ¿Por qué cuando hemos recibido la gracia de nuestro Señor Jesucristo deseamos compartirla con nuestros seres queridos?

____

____

____

2. ¿Cuál fue la orden de Jesús en Mateo 28:19-20?

____

____

Notas

Nos agradaría recibir noticias suyas.
Por favor, envíe sus comentarios sobre este libro
a la dirección que aparece a continuación.
Muchas gracias.

7500 NW 25th Street, Suite 239
Miami, Florida 33122

Vida@zondervan.com
www.editorialvida.com